Control de Versiones de Software con GIT

2º Edición

Arturo Paz Arias

Tabla de contenido

NOTA LEGAL

Esta publicación está destinada a proporcionar el material útil e informativo. Esta publicación no tiene la intención de conseguir que usted sea un maestro de las bases de datos, sino que consiga obtener un amplio conocimiento general de las bases de datos para que cuando tenga que tratar con estas, usted ya pueda conocer los conceptos y el funcionamiento de las mismas. No me hago responsable de los daños que puedan ocasionar el mal uso del código fuente y de la información que se muestra en este libro, siendo el único objetivo de este, la información y el estudio de las bases de datos en el ámbito informático. Antes de realizar ninguna prueba en un entorno real o de producción, realice las pertinentes pruebas en un entorno Beta o de prueba.

El autor y editor niegan específicamente toda responsabilidad por cualquier responsabilidad, pérdida, o riesgo, personal o de otra manera, en que se incurre como consecuencia, directa o indirectamente, del uso o aplicación de cualesquiera contenidos de este libro.

Todas y todos los nombres de productos mencionados en este libro son marcas comerciales de sus respectivos propietarios. Ninguno de estos propietarios han patrocinado el presente libro.

Procure leer siempre toda la documentación proporcionada por los fabricantes de software usar sus propios códigos fuente. El autor y el editor no se hacen responsables de las reclamaciones realizadas por los fabricantes.

INTRODUCCIÓN AL CONTROL DE VERSIONES CON GIT

El Hombrelobo y Drácula fueron contratados por la Universal Missions (una agencia de servicios espaciales de la Ephoric State University) para descubrir a donde la compañía debería enviar su próximo robot explorador. Ambos desean trabajar en los planos al mismo tiempo pero tuvieron problemas al hacer eso en el pasado. Si ambos trabajaran a turnos, cada uno gastaría mucho tiempo esperando a que el otro terminara pero si ellos trabajaran cada uno en su copia e intercambiaran e-mails con los cambios de cada aspecto se acabaría perdiendo, siendo re-escrita o duplicada la información.

La solución es que ambos utilizaran el control de versión para gestionar el trabajo.

Controlar la versión es mejor que intercambiar información por e-mail pues:

- Nada de lo que es guardado en el control de versión puede perderse. Eso significa que puede ser utilizado como la herramienta deshacer de un editor de texto y como todas las versiones anteriores de los archivos están guardadas siempre es posible volver atrás para saber quien escribió lo que en un día en concreto o que versión de un programa fue utilizado para generar un resultado.

- Mantiene un registro de quien hace cada cambio y cuando este fue hecho y así, si alguien tiene alguna pregunta sabrá a quien preguntar.

- Es difícil (pero no imposible) accidentalmente sobrescribir los cambios de alguien: el sistema de control de versión automáticamente avisa al usuario cuanto existe un conflicto entre el trabajo de dos o más personas.

- El control de versión es el cuaderno de laboratorio del mundo digital: es lo que los profesionales utilizan para mantener el registro de lo que hicieron y para colaborar con otras personas. Todo gran proyecto de desarrollo de software depende de él, y varios programadores también lo utilizan para sus pequeños proyectos. Y no es utilizado sólo para software: libros (como este), artículos, pequeños conjuntos de datos, y cualquier cosa que es modificada a lo largo del tiempo o necesita ser compartida puede y debería ser almacenada en un sistema para control de versión.

GIT

CONFIGURANDO GIT

A continuación, explicaremos los pasos de inicialización y configuración necesarios por máquina y por repositorio.

Comenzaremos explorando como el control de versión puede ser utilizado para mantener el registro de lo que y de cuando una persona hace algo. Mismo si usted no estuviera colaborando con otros, el control de versión es mucho mejor que considerar finalizado un trabajo y tras su entrega tener que hacer alguna corrección y/o revisiones una y otra vez.

La primera vez que utilizamos GIT en una máquina, necesitamos configurar algunas cosas. A continuación podemos ver lo que Drácula hizo para configurar su nuevo notebook:

$ config --global user.name "Black Drácula"
$ git config --global user.email black@ejemploemail.com
$ git config --global color.ui "auto"

(Sustituya los valores indicados por su nombre y su dirección de e-mail)

Asimismo, configuró su editor favorito utilizando la tabla siguiente:

Editor	Configuration command
nano	$ git config --global core.editor "nano -w"
Text Wrangler	$ git config --global core.editor "edit -w"
Sublime Text (Mac)	$ git config --global core.editor "subl -n -w"
Sublime Text (Win)	$ git config --global core.editor "'c:/program files/sublime text 2/sublime_
Notepad++ (Win)	$ git config --global core.editor "'c:/program files (x86)/Notepad++/notepad
Kate (Linux)	$ git config --global core.editor "kate"
Gedit (Linux)	$ git config --global core.editor "gedit -s"

Los comandos del GIT son escritos como git verbo, donde verbo es lo que deseamos hacer. En el caso anterior, estamos diciendo al GIT:

- Nuestro nombre y dirección de e-mail

- El color para la salida

- Cuál es nuestro editor de texto favorito y

- Que queremos utilizar esas informaciones globalmente (para todo el proyecto)

Los cuatro comandos anteriores sólo necesitan ser ejecutados una vez: la opción (en ingles denominada flag) – global le dice al Git que utilice las configuraciones para todo el proyecto en la máquina actual. Puede comprobar su configuración en cualquier momento con:

$ git config – list

PROXY

En algunos casos usted necesita utilizar un Proxy para conectarse a Internet. Si ese fuera su caso usted necesita informar al Git sobre el Proxy:

$ git config -- global http.proxy proxy-url
$ git config -- global https.proxy proxy-url

Para deshabilitar el proxy utilice:

$ git config -- global -- unset http.proxy
$ git config -- global -- unset https.proxy

CREANDO UN REPOSITORIO

En este apartado explicaremos como crear un repositorio Git local.

Una vez que Git está configurado, podemos comenzar a utilizarlo. Vamos a crear un directorio para nuestro trabajo.

$ mkdir planetas
$ cd planetas

Y decimos para hacer del directorio un repositorio – un lugar donde Git irá almacenando las versiones anteriores de nuestros archivos:

$ git init

Si utilizamos ls para mostrar el contenido del directorio aparecerá que nada fue hecho:

$ ls

Pero si añadimos la opción –a para mostrar todos los archivos, veremos que Git creó un directorio oculto denominado .git:

$ ls –a
. .. .git

Git almacena informaciones sobre el proyecto en ese subdirectorio especial. Si lo eliminamos perderemos el histórico del proyecto. Podemos verificar que la configuración fue hecha con éxito solicitando el estado de nuestro proyecto para Git:

$ git status
 # On branch master
#
 # Initial commit
#
nothing to commit (create/copy files and use "git add" to track)

¿Dónde puedo crear mi repositorio?

La siguiente secuencia de comandos crea un repositorio Git dentro de otro:

```
cd              # devuelve a la carpeta de usuario
mkdir alpha     # crea un nuevo repositorio
cd alpha        # cambia el directorio actual al directorio recién
creado
git init        # transforma el directorio recién creado en un
repositorio Git
mkdir beta      # crea un subdirectorio
cd beta         # cambia el directorio actual al subdirectorio recién
creado
git init        # transforma el subdirectorio en un repositorio Git
```

MONITORIZANDO CAMBIOS

Los objetivos son pasar el ciclo modificar-añadir-guardar a un único archivo y para múltiples archivos y explicar en donde la información es almacenada en cada estado.

Vamos a crear un archivo llamado marte.txt que contiene algunas notas sobre la sostenibilidad de una base en el planeta rojo. (Utilizaremos un editor llamado nano para editar el archivo pero usted puede utilizar el editor de su elección. En concreto, no necesita el mismo editor informado para el Git)

$ nano Marte.txt

Escriba el texto que aparece a continuación en el archivo marte.txt:

Frío y seco, oscuro, con roca.

Marte.txt ahora contiene la siguiente línea:

$ ls
marte.txt
$ cat Marte.txt
Frío y seco, oscuro, con roca.

Si comprobamos el estado de nuestro proyecto nuevamente, Git indicará que el encontró un nuevo archivo:

$ git status
 # On branch master
#
 # Initial commit
#
 # Untracked files:
 #   (use "git add <file>…" to include in what will be
committed)
#
 # marte.txt
nothing added to commit but untracked files present (use "git add"
to tack)

El mensaje "untracked files" significa que existe un archivo en el directorio que Git no está monitorizando. Le diremos al Git que él debe hacerlo utilizando git add:

$ git add marte.txt

Y entonces verificaremos la alteración en el mensaje de estado:

$ git status
 # On branch master
#
 # Initial commit
#
 # Change to be committed:
 #   (use "git rm - - cached <file>…" to unstage)
#
 #   newfile: marte.txt

#

Git ahora sabe que él debe monitorizar el archivo marte.txt pero aun no guardó ningún cambio para después como un commit. Para hacer eso necesitamos ejecutar un comando más:

$ git commit –m "Iniciando la toma de notas sobre Marte como base"
[master (root-commit) f22b25e] Iniciando la toma de notas sobre Marte como base
1 file changad, 1 insertion (+)
create mode 100644 marte.txt

¿Dónde están mis cambios?

Cuando ejecutamos git commit, Git pega todos los cambios que informamos necesitar siendo guardados cuando utilizamos gitt add y almacena una copia permanente dentro del directorio especial .git. Esa copia permanente se denomina revisión y brevemente es identificada por f22b25e. (Su revisión puede tener un identificador diferente).

Utilizamos la opción –m (de "mensaje") para guardar un pequeño comentario que sea descriptivo y especifico que nos ayudará a recordar después lo que hicimos y porque. Si apenas ejecutamos git commit sin la opción –m, Git iniciará nano (o el editor que tuviéramos configurado al comienzo) para que podamos escribir un comentario largo.

Buenos mensajes de commit comienzan con un corto resumen (menos de 50 caracteres) de las alteraciones hechas en el commit. Si usted desea añadir más detalles añada una línea en blanco entre el resumen y sus notas adicionales.

Si ejecutamos git status ahora:

$ git status
 # On branch master
nothing to commit, working directory clean

Git está diciendo que todo está actualizado. Si deseamos saber lo que fue hecho recientemente podemos pedir al Git, que muestre el histórico del proyecto utilizando git log:

$ git log
Commit f22b25e3233b4645dabd0d81e651fe074bd8e73b
Author: Black Drácula black@ejemploemail.com
Date: Thu Aug 22 09:51:46 2013 – 0400
Iniciando la toma de notas sobre Marte como base

Git log lista todas las revisiones guardadas en un repositorio en el orden cronológico marcha atrás. Esa lista incluye, para cada revisión, el identificador completo de la revisión (que comienza con los mismos caracteres que el identificador corte impreso por el comando git commit anteriormente), el autor de la revisión, cuando ella fue creada y el comentario dado a la revisión cuando ella fue creada.

¿Dónde están mis cambios?

Si ejecutáramos ls ahora iríamos a encontrar apenas un archivo llamado Marte.txt. Eso se debe al hecho de Git guarda las informaciones con el histórico de los archivos en el directorio especial denominado .git mencionado anteriormente tal que nuestro sistema de archivos no quede lleno (y nosotros accidentalmente editemos o eliminemos una versión anterior).

Ahora suponga que añade algunas informaciones al archivo. (Nuevamente, editaremos el archivo utilizando el nano y utilizaremos el comando cat para mostrar el contenido del archivo; usted puede utilizar otro editor y no necesitar del comando cat.)

$ nano marte.txt
$ cat marte.txt

Frío y seco, oscuro, con rocas.
Dos lunas pueden ser un problema.

Cuando ejecutamos el comando git status, el informará que un archivo que está siendo monitorizado fue alterado:

$ git status
 # On branch master
 # Changes not staged for commit:
 #   (use "git add <file>..." to update what will be committed)
 #   (use "git checkout - - <file>..." to discard changes in working directory)
#
 # modified: marte.txt
#
no changes added to commit (use "git add" and/or "git commit – a")

La última línea, "no changes added to commit", es importante y nos avisa que ninguno de los cambios hechos será guardado en la próxima revisión. Aunque hallamos modificado el archivo no informamos al Git que queremos guardar esos cambios (que iremos a hacer utilizando git add). Para comprobar los cambios en los archivos utilizamos git diff, que mostrará la diferencia entre el estado actual de los archivos y la última revisión guardada:

$ git diff
diff - - git a/marte.txt b/mars.txt
index df0654a..315bf3a 100644
--- a/marte.txt
+++ b/marte.txt
@@ -1 +1,2 @@
Frío y seco, oscuro, con rocas.
+Dos lunas pueden ser un problema.

¿Dónde están mis cambios?

La salida parece criptografía porque en realidad es una serie de comandos diciendo a los programas como editores de texto y patch como reconstruir un archivo partiendo de otro. Podemos romper esa salida en algunas partes:

1. la primera línea informa que Git utilizó el comando diff para comparar la versión antigua con la nueva.

2. la segunda línea informa exactamente que revisiones Git está comparando: df0654a y 315bf3a son identificadores únicos generados por el ordenador para esas dos revisiones.

3. las líneas restantes muestran lo que realmente cambió y las líneas correspondientes. En particular, el signo + en la primera columna indica donde añadimos nuevas líneas.

Vamos a guardar nuestros cambios:

$ git commit –m "Añadiendo preocupación sobre el hecho de las lunas de Marte"
 # On branch master
 # Changes not staged for commit:
 #   (use "git add <file>…" to update what will be committed
 #   (use "git checkout - - <file>…" to discard changes in working directory)
#
 # modified: marte.txt
#
no changes added to commit (use "git add" and/or "git commit – a")

Ups, Git no guardó una nueva revisión porque olvidamos utilizar el comando git add primero. Vamos a corregir eso:

$ git add marte.txt
$ git commit – m "Añadiendo preocupación sobre el hecho de las lunas de Marte"
[master 34961b1] Añadiendo preocupación sobre el hecho de las lunas de Marte
1 file changed, 1 insertion (+)

Git insite permite que añadamos los archivos al grupo que se ha guardado antes de realmente crear una nueva revisión porque podemos no querer incluir todos los cambios de una vez. Por ejemplo, suponga que estemos añadiendo algunas citas al trabajo de nuestro orientador en nuestra prueba. Puede ser que deseemos tener una versión en que añadamos las citas y las referencias bibliográficas pero no deseamos incluir los cambios en la conclusión una vez que aún no terminamos esta.

Para que eso sea posible, Git posee una área temporal especial (en inglés denominada staging area) donde él mantiene el registro de los cambios que fueron añadidos al conjunto a ser utilizado para el próximo commit (que aún no fue hecho). Git add coloca las modificaciones en esa área y git commit mueve la información de esa área para el almacenamiento de largo término en la forma de un commit.

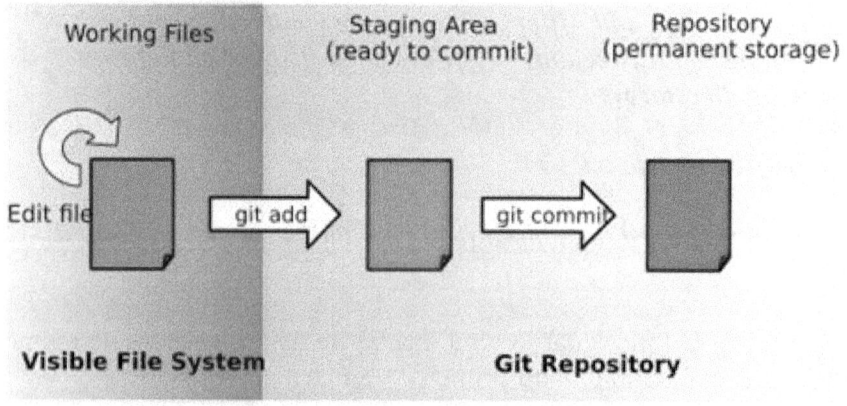

The Git Staging Area

Vamos a comprobar como nuestros cambios son transmitidos de nuestro editor para el área temporal y posteriormente para el almacenamiento de largo término. Primero, necesitamos añadir una nueva línea al archivo:

$ nano Marte.txt
$ cat Marte.txt

Frío y seco, pero aun así es de mi color favorito.
Dos lunas pueden ser un problema.

Pero la momia podría apreciar la falta de humanidad.

$ git diff
Diff - - git a/marte.txt b/mars.txt
Index 315bf3a..b36abfd 100644
- - - a/marte.txt
+++ b/marte.txt
@@ -1,2 +1,3 @@
Frío y seco, pero aun así es de mi color favorito.
Dos lunas pueden ser un problema.
+Pero la momia podría apreciar la falta de humanidad.

Hasta ahora, todo bien: añadimos una nueva línea al final del archivo (identificada con el signo + en la primera columna). Ahora vamos a colocar ese cambio en el área temporal y comprobar lo que git diff informa:

$ git add Marte.txt
$ git diff

No existe salida pues hasta donde el Git consigue informar no existe diferencia entre lo que fue pedido para guardar permanentemente y los archivos en el repositorio.

Entretanto, si pedimos:

$ git diff - - staged
Diff - - git a/marte.txt b/mars.txt
Index 315bf3a..b36abfd 100644
- - - a/marte.txt
+++ b/marte.txt
@@ -1,2 +1,3 @@
Frío y seco, pero aun así es de mi color favorito.
Dos lunas pueden ser un problema.
+Pero la momia podría apreciar la falta de humanidad.

Se mostrará la diferencia entre el último commit y los cambios en las áreas temporales. Vamos a guardar nuestro cambio:

$ git commit – m "Discusión sobre el clima de Marte para la momia"
[master 005937f] Discusión sobre el clima de Marte para la momia
1 file changed, 1 insertion(+)

Y comprobar el estado del repositorio:

$ git status
 # On branch master
Nothing to commit, working directory clean

Y también en el histórico de lo que fue hecho hasta ahora:

$ git log
Commit 005937fbe2a98fb83f0ade869025dc2636b4dad5
Autor:
Date: Thu Aug 22 10:14:07 2013 -0400

Discusión sobre el clima de Marte para la momia
commit 34961b159c27df3b475cfe4415d94a6d1fcd064d
Author: Black Drácula <black@ejemploemail.com>
Date: Thu Aug 22 10:07:21 2013 -0400

Añadiendo preocupación sobre el hecho de las lunas de Marte en los hombrelobo

commit f22b25e3233b4645dabd0d81e651fe074bd8e73b
Author: Black Drácula <black@ejemploemail.com>
Date: Thu Aug 22 09:51:46 2013 -0400

Comenzando a tomar las notas sobre Marte como una base

Para recapitular, cuando queremos añadir cambios en nuestro repositorio, primero precisamos añadir los archivos cambiados para el área de transferencia (git add) y entonces commitar los cambios en el área de transferencia en el repositorio (git commit):

Ejercicios:

Comitando cambios en el Git

¿Qué comando de los de abajo vendrá a guardar los cambios de mi-archivo.txt en mi repositorio Git local?

1. **$ git commit –m "mis cambios recientes"**

2. **$ git init mi-archivo.txt $ git commit –m "mis cambios recientes"**

3. **$ git add mi-archivo.txt $ git commit –m "mis cambios recientes"**

4. **$ git commit –m mi-archivo.txt "mis cambios recientes"**

REPOSITORIO BIO

Cree un nuevo repositorio Git en su ordenador llamado bio. Escriba una versión corta de su bibliografía con tres líneas en el archivo yo.txt, guarde los cambios. Después, modifique una de las líneas y añada una cuarta línea, muestre los cambios hechos y deshágalo:

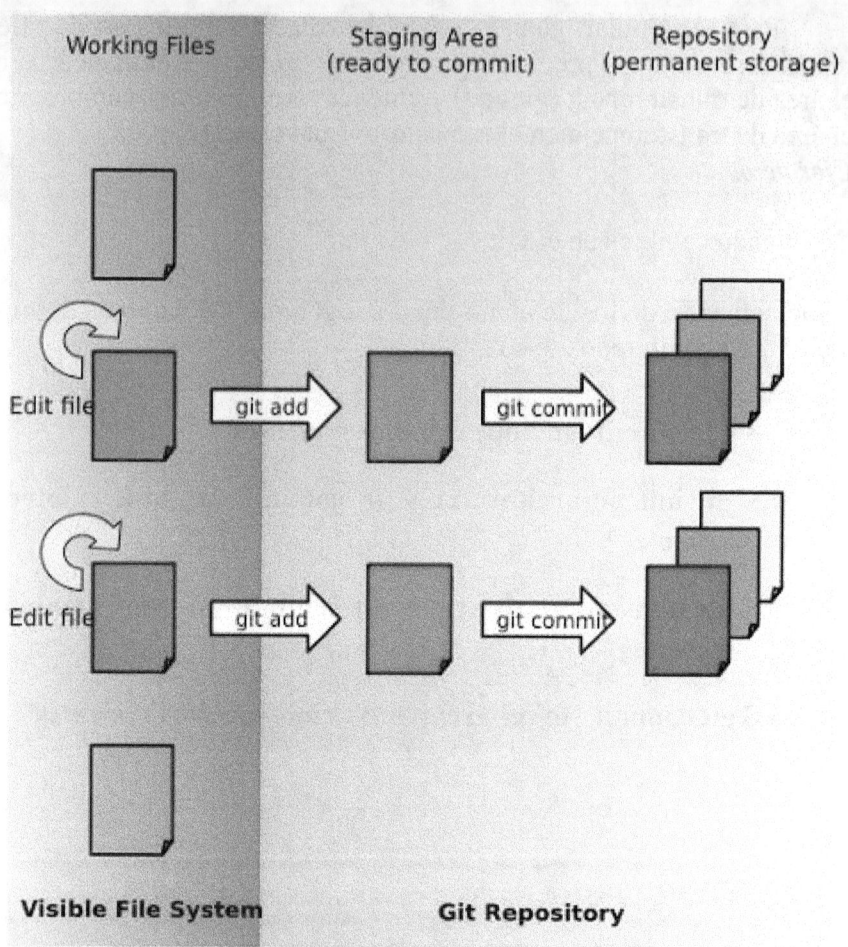

The Git Commit Workflow

EXPLORANDO EL HISTÓRICO

Los objetivos de este apartado son identificar y usar números de revisión del Git, comparar versiones antiguas de un archivo con el actual y restaurar versiones antiguas de archivos.

Si deseamos ver lo que cambiamos, podemos utilizar git diff nuevamente, pero refiriéndose a versiones antiguas utilizando la notación HEAD~1, HEAD~2, y así sucesivamente:

$ git diff HEAD~1 marte.txt
diff - - git a/Marte.txt b/mars.txt
index 315bf3a..b36abfd 100644
--- a/marte.txt
+++ b/marte.txt
@@ -1,2 +1,3 @@
Frío y seco pero aun así es de mi color favorito.
Dos lunas pueden ser un problema.
+Pero la momia podría apreciar la falta de humanidad.

$ git diff HEAD~2 marte.txt
diff --git a/marte.txt b/mars.txt
index df0654a..b36abfd 100644
--- a/marte.txt
+++ b/marte.txt
@@ -1 +1,3 @@
Frío y seco, pero aun así es de mi color favorito.
+Dos lunas pueden ser un problema.
+Pero la momia podría apreciar la falta de humanidad.

De esa forma, creamos una secuencia de revisiones. La revisión más reciente en esa secuencia es referenciada por HEAD y podemos referenciar revisiones anteriores utilizando la notación con ~, tal que HEAD~1 (se pronuncia "head minus one") significa la revisión anterior, mientras HEAD~123 devuelve 123 revisiones del punto en que estamos ahora.

Podemos también referenciar revisiones anteriores utilizando el largo string de dígitos y letras impresas por git log. Ese largo string es único para las revisiones y "único" realmente significa único: todo conjunto de cambios es un conjunto de archivos en cada máquina y posee un identificador único de 40 caracteres. Nuestro primer commit posee como identificador f22b25e3233b4645dabd0d81e651fe074bd8e73b. Lo vamos a intentar:

```
$ git diff f22b25e3233b4645dabd0d81e651fe074bd8e73b marte.txt
diff --git a/marte.txt b/mars.txt
index df0654a..b36abfd 100644
--- a/marte.txt
+++ b/marte.txt
@@ -1 +1,3 @@
Frio y seco, pero aun así es de mi color favorito.
+Dos lunas pueden ser un problema.
+Pero la momia podría apreciar la falta de humanidad.
```

La respuesta del Git es correcta pero digitar 40 caracteres aleatorios es un inconveniente y por eso Git permite escribir sólo los primeros caracteres:

```
$ git diff f22b25e marte.txt
diff --git a/marte.txt b/mars.txt
index df0654a..b36abfd 100644
--- a/marte.txt
+++ b/marte.txt
@@ -1 +1,3 @@
Frío y seco, pero aun así es de mi color favorito.
+Dos lunas pueden ser un problema.
+Pero la momia podría apreciar la falta de humanidad.
```

Hasta ahora hemos aprendido como guardar cambios en los archivos y comprobar las alteraciones realizadas.

¿Cómo podemos recuperar un archivo de una versión antigua? Vamos a suponer que accidentalmente sobre escribimos uno de nuestros archivos.

```
$ nano Marte.txt
$ cat Marte.txt
```

Tenemos que producir oxígeno para nuestro consumo.

Git status informará que el archivo fue cambiado y que los cambios no fueron guardados en el área temporal:

```
$ git status
# On branch master
# Changes not staged for commit:
# (use "git add <file>..." to update what will be committed)
# (use "git checkout -- <file>..." to discard changes in working
directory)
#
# modified: marte.txt
#
no changes added to commit (use "git add" and/or "git commit -
a")
```

Podemos deshacer los cambios utilizando el comando git checkout:

```
$ git checkout HEAD marte.txt
$ cat marte.txt
```

Frío y seco, pero aun así es de mi color favorito.
Dos lunas pueden ser un problema.
Pero la momia podría apreciar la falta de humanidad.

Como usted puede adivinar por el verbo utilizado, git checkout checks out restaura una versión anterior del archivo. En este caso, estamos diciéndole al Git que queremos recuperar la versión del archivo presente en HEAD, que corresponde a la última versión guardada. Si usted resuelve volver a una versión más antigua debe utilizar el identificador de la respectiva versión:

```
$ git checkout f22b25e Marte.txt
```

Es importante recordar que debemos utilizar el identificador de la revisión anterior al estado que deseamos deshacer. Un error común es utilizar el identificador de la revisión en la cual los cambios indeseados fueron realizados. En el ejemplo de abajo, queremos recuperar el estado anterior al commit más reciente (HEAD~1), cuya identificación es f22b25e:

El diagrama a seguir ilustra como el histórico de un archivo debe ser (yendo delante de HEAD, la versión más reciente guardada):

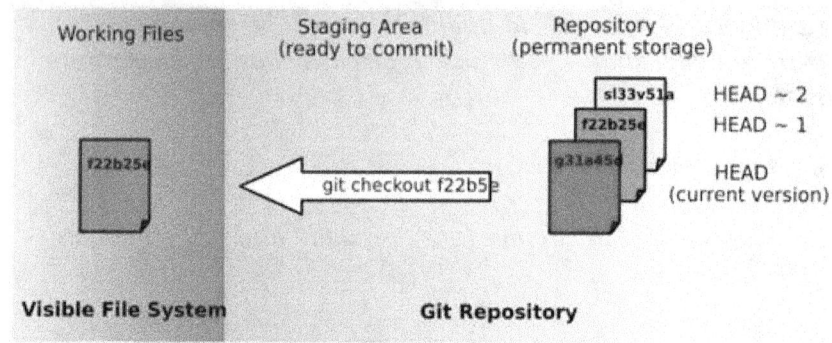

Git Checkout

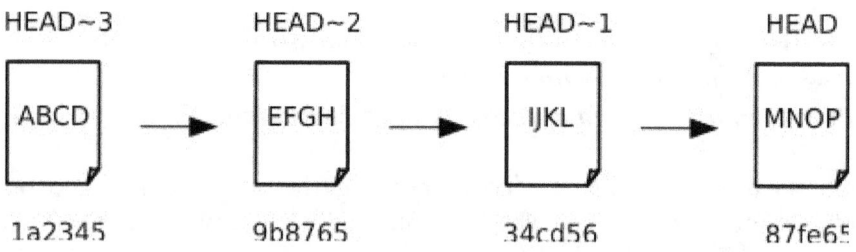

When Git Updates Revision Numbers

Simplificando el caso común

Si ha leído cuidadosamente la salida del comando git status usted habrá notado que él encuentra lo siguiente:

(use "git checkout - - <file>…" to discard changes in working directory)

Como ella dice, git checkout restaurará los archivos para el estado guardado en HEAD. El trazo doble - - , es necesario para separar el nombre del archivo a ser recuperado del comando propiamente dicho: sin el trazo doble, Git intentará utilizar el nombre del archivo como el identificador de la revisión.

El hecho de que los archivos pueden ser recuperados uno por uno tiene a cambiar la forma en como las personas organizan su trabajo. Si todo el trabajo consta de un gran documento, será difícil (pero no imposible) de deshacer algún cambio sin también deshacer otros, por ejemplo deshacer los cambios en la introducción sin también deshacer los cambios hechos en la conclusión. Si la introducción y conclusión estuvieran guardadas en archivos separados sería mucho más fácil deshacer solamente las alteraciones en uno de los archivos.

Ejercicio:

Recuperando versiones antiguas de un archive

Jennifer hizo cambios en su script Python en el cual estaba trabajando desde hace dos semanas, y los cambios que hizo esa mañana "rompieron" el script que no funciona ya. Ella ya lleva más de una hora intentando corregirlo sin éxito…

Afortunadamente, nuestra protagonista estuvo manteniendo un registro de su trabajo utilizando Git. ¿Qué comando de los que hay a continuación puede utilizar para recuperar la la última versión guardada de su script Python llamado reduccion-de-datos.py?

1.$ git checktout HEAD

2.$ git checkout HEAD reduccion-de-datos.py

3. $ git checkout HEAD~1 reduccion-de-datos.py

4. $ git checkout reduccion-de-datos.py

5. 2 y 4.

IGNORANDO ARCHIVOS

El objetivo es configurar Git para ignorar archivos específicos y explicar porque eso es útil en algunos casos.

Algunos de estos casos podrían ser si tuviéramos archivos que no deseamos que sean monitorizados por Git, por ejemplo archivos de backup creados por nuestro editor o archivos intermediarios creados durante el análisis de datos. Vamos a crear un ejemplo sencillo:

$ mkdir resultados
$ touch a.dat b.dat c.dat resultados/a.out resultados/b.out

Y a comprobar lo que Git dice:

$ git status
 # On branch master
 # Untracked files:
 # (use "git add <file>..." to include in what will be committed)
#
 # a.dat
 # b.dat
 # c.dat
 # resultados/
nothing added to commit but untracked files present (use "git add" to track)

Colocar esos archivos bajo el control de versión es un desperdicio de memoria en disco. Algo peor es tenerlos listados todo el tiempo ya que puede reducir nuestra atención para los cambios que realmente importan. Vamos entonces a decirle al Git que ignore algunos archivos. Hacemos esto creando un archivo denominado .gitignore en el directorio raíz de nuestro proyecto.

$ nano .gitignore
$ cat .gitignore

*.dat
resultados/

La primera expresión en el archivo .gitignore dice al Git que ignore todos los archivos que terminan con .dat y la segunda expresión que el ignore todos los archivos dentro del directorio resultados. (Si alguno de esos archivos ya esta siendo monitorizado por el Git continuará siéndolo)

Una vez que creamos ese archivo, la salida del comando git status es mucho más limpia.

$ git status
 # On branch master
 # Untracked files:
 # (use "git add <file>..." to include in what will be committed)
#
 # .gitignore
nothing added to commit but untracked files present (use "git add" to track)

La única alteración que Git nota es la creación del archivo .gitignore. Inicialmente usted puede pensar que no va a querer monitorizar ese archivo pero todas las personas que hicieron uso del repositorio probablemente querrán ignorar los mismos archivos que ignoramos. Por ese motivo, vamos a añadir el archivo .gitignore a nuestro control de versión:

$ git add .gitignore
$ git commit -m "Adicionado gitignore"
$ git status
 # On branch master
nothing to commit, working directory clean

Como un bonus, utilizar gitignore nos ayudará a evitar accidentalmente añadir archivos indeseados.

$ git add a.dat

The following paths are ignored by one of your .gitignore files:
a.dat
Use –f if you really want to add them.
Fatal: no files added

Si realmente deseamos desobedecer nuestras configuraciones presentes en el .gitignore necesitamos informar de eso al Git utilizando git add –f. También podemos verificar el status de los archivos ignorados utilizando:

$ git status - - ignored
 # On branch master
 # Ignored files:
 # (use "git add –f <file>…" to   ill   ye in what   ill be committed)
#
 # a.dat
 # b.dat
 # c.dat
 # resultados/
nothing to commit, working directory clean

COLABORANDO CON OTROS PROFESIONALES

Los objetivos son explicar lo que son los repositorios remotos y porque ellos son útiles, explicar lo que ocurre cuando un repositorio remoto es clonado y explicar lo que ocurre cuando cambios son obtenidos y enviados a un repositorio remoto.

Un control de versión comienza a hacer falta cuando comenzamos a colaborar con otras personas. Ya tenemos casi todas las herramientas necesarias para hacer eso, sólo falta aprender como copiar los cambios de un repositorio a otro.

Sistemas como Git permiten cambiar alteraciones entre dos repositorios cualesquiera. En la práctica, entretanto, es más fácil utilizar una copia como hub central y mantenerlo en un servidor conectado a Internet que en el notebook de alguien. Gran parte de los programadores utilizan servicios de hospedaje como GitHub o BiutBucket para almacenar esas copias. Vamos a explorar los pros y los contras de ese abordaje al final de esta sección.

Vamos a comenzar por compartir los cambios que hicimos en nuestro proyecto con el mundo. Autentifíquese en el GitHub y haga clic en el icono en el extremo superior derecho para crear un nuevo repositorio denominado planetas:

Nombre su repositorio de "planetas" y seleccione "Create Repository":

Una vez que el repositorio fue creado, GitHub mostrará una página con una URL y algunas informaciones de cómo configurar su repositorio local.

Este procedimiento realiza los siguientes comandos en los servidores del Git Hub:

```
$ mkdir planetas
$ cd planetas
$ git init
```

Creando un nuevo repositorio en GitHub

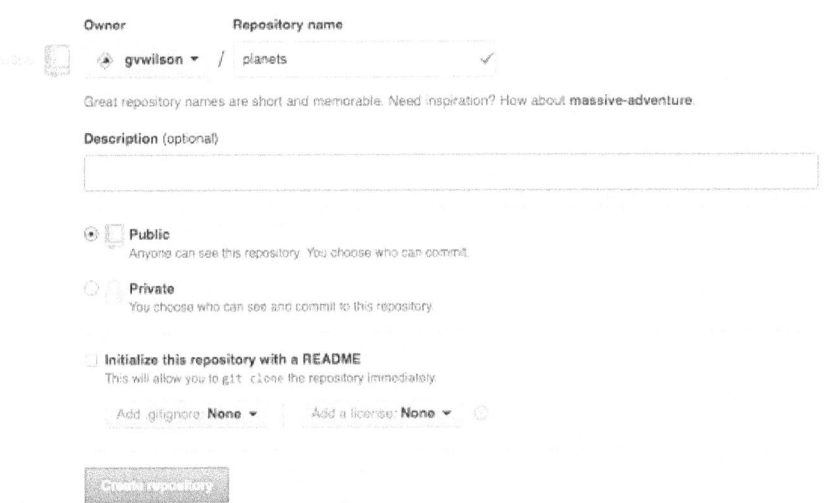

Creando un nuevo repositorio en GitHub (paso 2)

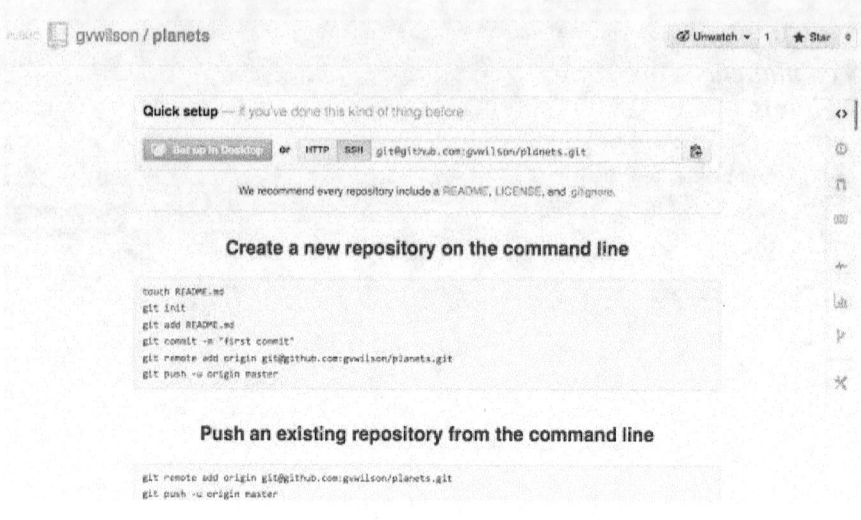

Creando un nuevo repositorio en GitHub (paso 3)

Nuestro repositorio local aún contiene nuestro trabajo anterior en el archivo Marte.txt pero el repositorio remoto en el Git Hub no contiene ningún archivo.

El próximo paso es conectar esos dos repositorios. Hacemos esto transformando el repositorio en el GitHub en un repositorio remoto para el repositorio local. En la página inicial del repositorio en el GitHub se encuentra el string necesario para identificarlo.

Seleccione HTTPS para modificar el protocolo SSH a HTTPS:

Utilizamos HTTPS porque no requiere configuraciones adicionales. Si después del workshop usted quiere configurar acceso vía SSH, que es un poco más seguro, puede hacerlo siguiendo uno de los tutoriales puestos a su disposición por GitHub, Atlassian/BitHub y Gitlab.

Copie esa URL del navegador, vaya a su repositorio local y ejecute el comando:

$ git remote add origin https://github.com/vlad/planetas

Compruebe que utiliza la URL de su repositorio en lugar de la URL del Vlad: la única diferencia debe ser su nombre de usuario en el lugar de vlad.

Usted puede comprobar que el comando anterior fue ejecutado correctamente utilizando git remote –v:

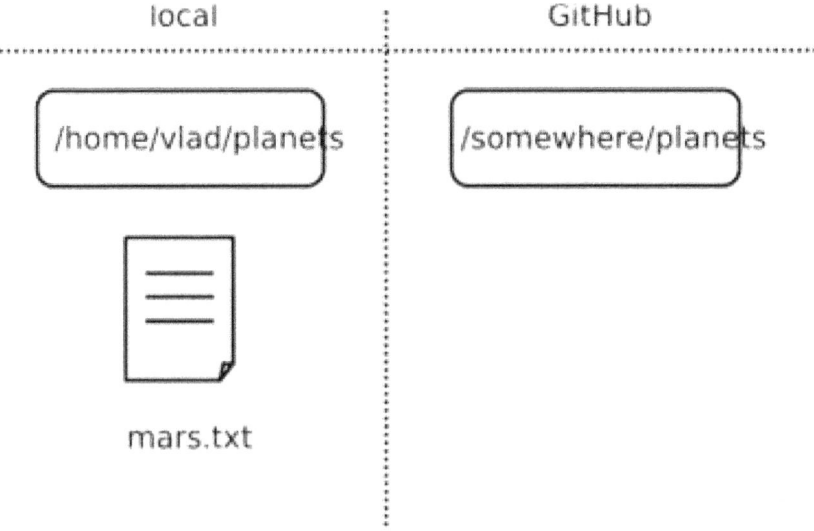

Freshly-Made GitHub Repository

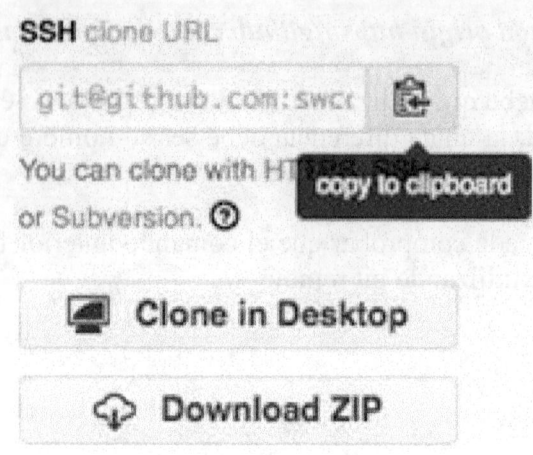

Where to Finf Respository URL on GitHub

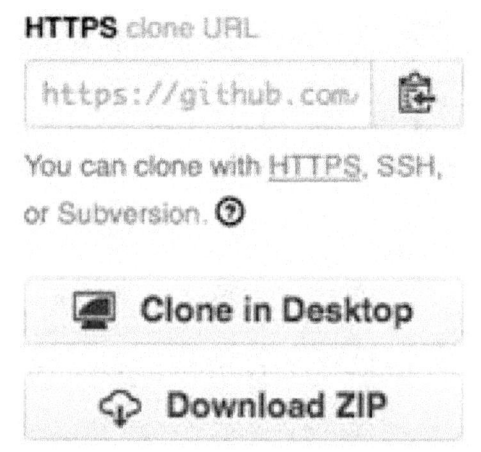

Changing the Repository URL on GitHub

$ git remote -v
origin https://github.com/vlad/planetas.git (push)
origin https://github.com/vlad/planetas.git (fetch)

El nombre origin es el apellido local para su repositorio remoto: usted puede utilizar otro apellido en su lugar si usted lo desea pero origin es la opción más utilizada.

Una vez que el apellido origin está configurado, el comando a seguir copiará los cambios en el repositorio local para el repositorio en el GitHub:

$ git push origin master
Counting objects: 9, done.
Delta compression using up to 4 threads.
Compressing objects: 100% (6/6), done.
Writing objects: 100% (9/9), 821 bytes, done.
Total 9 (delta 2), reused 0 (delta 0)
To https://github.com/vlad/planetas
* [new branch] master -> master
Branch master set up to track remote branch master from origin.

PROXY

Si la red a la que usted está conectado utiliza un Proxy existe un change del último comando que tiene que haber fallado con un "Could not resolve hostname" como mensaje de error. Para resolver ese problema usted necesita informar al Git sobre el Proxy:

$ git config --global http.proxy http://user:password@proxy.url
$ git config --global https.proxy http://user:password@proxy.url

Cuando usted se conecta en otra red que no utiliza un proxy tendrá que decirle al Git que deshabilite el uso del Proxy que esté utilizando

$ git config --global --unset http.proxy
$ git config --global --unset https.proxy

ADMINISTRADORES DE CONTRASEÑAS

Si su sistema operativo posee un gestor de contraseñas git push intentará utilizarlo cuando sea necesario informar el usuario y la contraseña. Si usted desea escribir su usuario y contraseña en el terminal al revés del gestor de contraseñas, escriba:

$ unset SSH_ASKPASS

Usted tal vez quiera añadir ese comando al final de su - / .bashrc para que ese pase a ser el comportamiento por defecto.

LA OPCIÓN "-u"

Normalmente va a encontrar la opción –u en otras documentaciones disponibles en Internet. Está relacionada con conceptos presentes en nuestra clase intermedia y puede ser ignorada sin problemas. Usted también puede pegar los cambios en su repositorio remoto para el local:

$ git pull origin master
From https://github.com/vlad/planetas
* branch   master - > FETCH_HEAD
Already up-to-date.

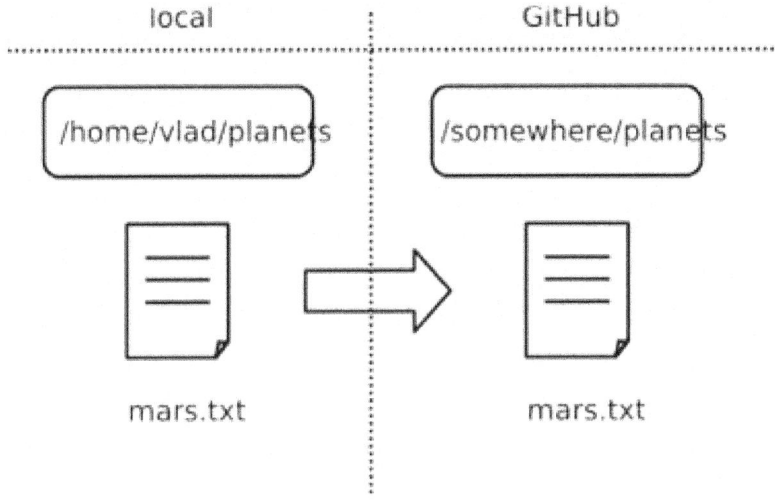

Repositorio en el GitHub después del primer push

En ese caso, ninguna modificación fue recibida porque los dos repositorios ya estaban sincronizados. Si alguien hubiera enviado alguna alteración para ese repositorio en el GitHub, el comando anterior tendría bajado las modificaciones para el repositorio local.
Para el próximo paso, trabajaremos en pares. Escoja uno de sus repositorios en el GitHub para utilizarlo en colaboración con otros.

Practicando solo

Si usted estuviera siguiendo esta lección solo, antes de continuar abra un segundo terminal, modifique el directorio corriente para otro directorio (por ejemplo, /tmp). Ese segundo terminal representará a un colega que estaría trabajando en otro ordenador. Usted no necesita dar permisos para nadie porque su colega va a ser usted mismo.

El dueño del repositorio que será utilizado necesita dar permisos de escritura a la otra persona. En el GitHub, seleccione "Settings" en el lado derecho, después "Collaborators" y después escriba el usuario de su par.

Quien no es dueño del repositorio que será utilizado debe cambiar de directorio, utilizando cd, de tal forma que ls no muestre más que el directorio planetas y en seguida crear una copia del repositorio que será utilizado en su computador.

$ git clone https://github.com/vlad/planetas.git

Adding collaborators on GitHub

Cambie vlad por el usuario de su compañero (el dueño del repositorio que será utilizado).

Git clone creará una copia local del repositorio remoto.

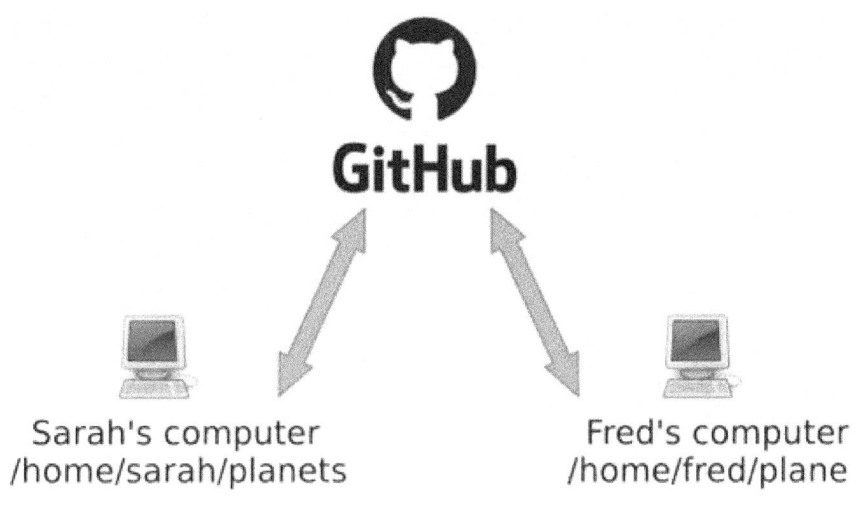

Sarah's computer
/home/sarah/planets

Fred's computer
/home/fred/plane

Alter Creating Clone of Repository

Ahora el nuevo colaborador puede hacer un cambio en su copia del repositorio:

$ cd planetas
$ nano pluton.txt
$ cat pluton.txt
También es un planeta!
$ git add pluton.txt
$ git commit -m "Algunas notas sobre Plutón"
1 file changed, 1 insertion(+)
create mode 100644 plutao.txt

Y después enviar los cambios al GitHub:

$ git push origin master
Counting objects: 4, done.
Delta compression using up to 4 threads.
Compressing objects: 100% (2/2), done.
Writing objects: 100% (3/3), 306 bytes, done.
Total 3 (delta 0), reused 0 (delta 0)

To https://github.com/vlad/planetas.git
9272da5..29aba7c master -> master

Note que no necesitamos crear un repositorio remoto llamado origin pues Git hace eso automáticamente cuando clonamos un repositorio. (Ese es el motivo por el que utilizamos origin anteriormente cuando configuramos el repositorio remoto manualmente).

Podemos bajar los cambios ahora disponibles en el GitHub en el repositorio original en nuestra máquina:

$ git pull origin master
remote: Counting objects: 4, done.
remote: Compressing objects: 100% (2/2), done.
remote: Total 3 (delta 0), reused 3 (delta 0)
Unpacking objects: 100% (3/3), done.
From https://github.com/vlad/planetas
* branch master -> FETCH_HEAD
Updating 9272da5..29aba7c
Fast-forward
pluton.txt | 1 +
1 file changed, 1 insertion(+)
create mode 100644 pluton.txt

Ejercicio:

Tiempo en el GitHub

Cree un repositorio en el GitHub, clónelo, añada un archivo, envíe ese cambio al GitHub y muestre el horario, en ingles timestamp, en que los cambios fueron hechos en el GitHub. ¿Cómo graba el tiempo el GitHub? Y ¿por qué?

CONFLICTOS

Los objetivos de esta sección son explicar lo que son los conflictos, cuando estos ocurren y resolver los conflictos ocurridos durante una unión.

Una vez que las personas comienzan a trabajar en paralelo alguien le pisará el trabajo a alguna otra. Eso también ocurre con una única persona: si trabajamos en el mismo archivo de nuestro notebook y del computador en el laboratorio, puede ser que hagamos cambios diferentes en cada una de las copias. El control de versión ayuda a gestionar esos conflictos al proporcionar una herramienta para resolver la sobre-posición de cambios.

Para que podamos aprender cómo resolver conflictos necesitamos, primero, crear uno. Actualmente el archivo Marte.txt corresponde, en todas nuestras copias del repositorio planeta, a

$ cat Marte.txt
Frío y seco, pero aun así es de mi color favorito.
Dos lunas pueden ser un problema.
Pero la momia podría apreciar la falta de humanidad.

Vamos a añadir una línea en la copia en nuestro directorio de usuario:

$ nano Marte.txt
$ cat Marte.txt
Frío y seco, pero aun así es de mi color favorito.
Dos lunas pueden ser un problema.
Pero la momia podría apreciar la falta de humanidad.
Línea añadida en la copia del hombrelobo.

Y enviar ese cambio para el GitHub:

$ git add Marte.txt
$ git commit – m "Añadida línea en nuestra copia local"
[master 5ae9631] Añadida línea en nuestra copia local

1 file changed, 1 insertion(+)
$ git push origin master
Counting objects: 5, done.
Delta compression using up to 4 threads.
Compressing objects: 100% (3/3), done.
Writing objects: 100% (3/3), 352 bytes, done.
Total 3 (delta 1), reused 0 (delta 0)
To https://github.com/vlad/planetas
29aba7c..dabb4c8 master -> master

Ahora vamos a esperar a que nuestro colaborador haga un cambio en su copia local sin actualizar la copia local con las últimas alteraciones disponibles en el GitHub:

$ nano Marte.txt
$ cat Marte.txt
Frío y seco, pero aun así es de mi color favorito.
Dos lunas pueden ser un problema.
Pero la momia, podría apreciar la falta de humanidad.
Añadida línea diferente en la otra copia.

Podemos guardar la alteración localmente:

$ git add Marte.txt
$ git commit – m "Añadida línea en mi copia"
[master 07ebc69] Añadida línea en mi copia
1 file changed, 1 insertion (+)

Pero Git no nos dejará enviar nuestros cambios al GitHub:

$ git push origin master
To https://github.com/vlad/planetas.git
! [rejected] master -> master (non-fast-forward)
error: failed to push some refs to
'https://github.com/vlad/planetas.git'
hint: Updates were rejected because the tip of your current branch is behind
hint: its remote counterpart. Merge the remote changes (ej. 'git pull')

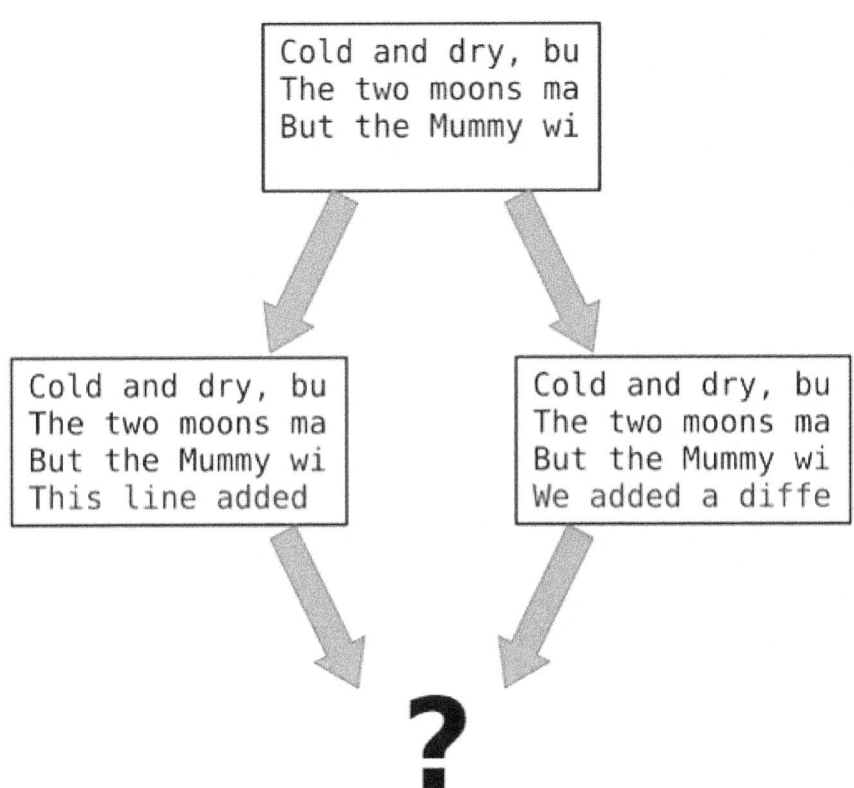

The conflicting changes

Git detecta que los cambios en una copia local sobreponen aquellos hechos en la otra copia y previene que nosotros liemos nuestro trabajo anterior. Lo que necesitamos hacer es pegar los cambios en el GitHub, hacer una mezcla de ellas en la copia con la que estamos trabajando actualmente y después enviarlos nuevamente. Vamos a comenzar por bajar los cambios:

$ git pull origin master
remote: Counting objects: 5, done.
remote: Compressing objects: 100% (2/2), done.
remote: Total 3 (delta 1), reused 3 (delta 1)
Unpacking objects: 100% (3/3), done.
From https://github.com/vlad/planetas
* branch master -> FETCH_HEAD
Auto-merging marte.txt
CONFLICT (content): Merge conflict in marte.txt
Automatic merge failed; fix conflicts and then commit the result.

Git pull informa que existe un conflicto y marca los conflictos en las líneas afectadas:

$ cat Marte.txt

Frío y seco, pero aun así es de mi color favorito.
Dos lunas pueden ser un problema.
Pero la momia podría apreciar la falta de humanidad.
<<<<<<< HEAD
Línea añadida en la copia de Hombrelobo.
=======
Añadida línea diferente en la otra copia.
>>>>>>> dabb4c8c450e8475aee9b14b4383acc99f42af1d

Nuestros cambios –aquellos en el HEAD—son precedidos por <<<<<<<. Después de nuestros cambios conflictantes, Git añade ======= como un separador de los cambios y marca el fin de los cambios en conflicto bajados del GitHub con >>>>>>>. (El conjunto de letras y signos después de ese marcador identifica la versión que acabamos de bajar.)

Ahora depende de nosotros editar el archivo para eliminar los marcadores y reconciliar los cambios. Podemos hacer lo que deseamos: mantener los cambios hechos en esa copia, mantener los cambios hechos en la otra copia, escribir algo nuevo para sustituir ambos cambios o eliminarlos. Vamos a sustituir ambos de modo que el archivo quede como:

$ cat Marte.txt

Frío y seco, pero aun así es de mi color favorito.
Dos lunas pueden ser un problema.
Pero la momia podría apreciar la falta de humanidad.
Eliminamos el conflicto en esa línea.

Para finalizar la unión, añadimos el archivo Marte.txt y creamos una nueva revisión:

$ git add Marte.txt
$ git status

 # On branch master
 # All conflicts fixed but you are still merging.
 # (use "git commit" to conclude merge)
#
 # Changes to be committed:
#
 # modified: marte.txt
#

$ git commit -m "Uniendo cambios procedentes del GitHub"

[master 2abf2b1] Uniendo cambios procedentes del GitHub

Ahora podemos enviar nuestros cambios al GitHub:

$ git push origin master
Counting objects: 10, done.
Delta compression using up to 4 threads.
Compressing objects: 100% (6/6), done.
Writing objects: 100% (6/6), 697 bytes, done.
Total 6 (delta 2), reused 0 (delta 0)
To https://github.com/vlad/planetas.git
dabb4c8..2abf2b1 master -> master

Git mantiene el registro de cuando realizamos un cambio y de ese modo no necesitamos corregir nuevamente ese conflicto cuando un colaborador descarga los nuevos cambios:

```
$ git pull origin master
remote: Counting objects: 10, done.
remote: Compressing objects: 100% (4/4), done.
remote: Total 6 (delta 2), reused 6 (delta 2)
Unpacking objects: 100% (6/6), done.
From https://github.com/vlad/planetas
branch master -> FETCH_HEAD
Updating dabb4c8..2abf2b1
Fast-forward
marte.txt | 2 +-
1 file changed, 1 insertion(+), 1 deletion(-)
```

Como podemos comprobar el archivo Marte.txt se encuentra en la forma en la que lo guardamos después de la unión:

```
$ cat Marte.txt
Frío y seco, pero aun así es de mi color favorito.
Dos lunas pueden ser un problema.
Pero la momia podría apreciar la falta de humanidad.
Eliminamos el conflicto en esa línea.
```

No necesitamos unir los cambios nuevamente porque el Git sabe que alguien ya hizo eso. La habilidad de los sistemas de control de versión en resolver conflictos es una de las razones por la cual varios usuarios tienden a dividir sus programas y artículos en varios archivos al revés de almacenarlos en un único gran archivo. Existe otro beneficio: cuando conflictos en un archivo ocurren con frecuencia eso es una indicación de que las responsabilidades no están claras o de que el trabajo necesita ser dividido mejor.

CIENCIA ABIERTA

Los objetivos de esta sección son explicar cómo el control de versión puede ser útil como un cuaderno de anotaciones electrónico para trabajos computacionales, explicar porque añadir licencia e informaciones de referencia en un repositorio de proyecto es importante, explicar que opciones de licencia están disponibles y como escoger una y explicar cómo licencias y expectativas sociales difieren.

Lo opuesto de "abierto" no es "cerrado". Lo opuesto de "abierto" es "roto". – John Wilbanks (traducción literal)

El compartimiento libre de información deber ser el objetivo en la ciencia pero la realidad es un poco más complicada. La práctica estándar en la actualidad parece algo como:

Un investigador recoge algunos datos y los almacena en una máquina que ocasionalmente realiza una copia de backup por parte del departamento al cual pertenece. El entonces escribe y modifica algunos pequeños programas (que también existen sólo en su máquina) para analizar los datos. Una vez que el posee algunos datos, escribe sobre ellos y envía su artículo. Él tal vez incluya sus datos – un número creciente de periódicos solicita eso – pero él probablemente no incluya sus códigos.

Algún tiempo pasa.

El periódico envía comentarios anónimos de otros investigadores de su campo de investigación. El investigador original revisa su papel para satisfacer los comentarios hechos y reenvía el artículo, siente que en ese medio tiempo el modifico los scripts.

El tiempo pasa de nuevo.

El artículo es eventualmente publicado. Tal vez incluya un link para una copia online de los datos utilizados pero el artículo en sí estará detrás de una suscripción de pago, sólo las personas que posean una contraseña personal o de empresa podrán leer el artículo.

Mientras tanto, para un número creciente de investigadores, el proceso se asemeja más a:

Los datos recogidos por el investigador son almacenados en un repositorio de acceso abierto como figshare o Zenodo, por lo tanto ellos son recogidos y reciben su propio DOI. El dato ya fue publicado y alojado en Dryad.

El investigador crea un nuevo repositorio en el GitHub para guardar su trabajo.

Durante el proceso de análisis, él envía los cambios hecho en sus scripts (y posiblemente los archivos de salida) al repositorio en el GitHub. También utiliza el repositorio para su artículo siendo que el repositorio funciona como un hub para la colaboración con sus colegas.

Cuando él está satisfecho con el estado de su artículo, pone a disposición una versión en arXiv o en otro servidor de preprints e invita a otros colegas a comentar el trabajo.

Basado en los comentarios, probablemente pondrá otras versiones antes de finalmente enviar su artículo al periódico.

El artículo publicado incluye links al preprint para su código y para los datos de modo que será mucho más fácil para otros investigadores utilizar su trabajo como punto de partida para sus propias investigaciones.

Ese modelo abierto acelera los descubrimientos: cuando más abierto es el trabajo, más nombrado y reutilizado es el mismo. Entre tanto, las personas que quieren trabajar de esa forma necesitan tomar algunas decisiones sobre lo que exactamente significa en la práctica el término "abierto".

CONTROL DE VERSIÓN DE CUADERNOS DE ANOTACIONES CIENTÍFICAS ELECTRÓNICAS

El beneficio del control de versión es, esencialmente, que cuando es utilizado adecuadamente, usted puede utilizar el control de versión como una forma de cuadernos de anotaciones científicas electrónicas para su trabajo computacional.

El estado conceptual de su trabajo está documentado, incluyendo quien hizo lo que y cuando. Todo paso está asociado a un identificador único (el ID del commit) para la mayor parte de las intenciones y usos.

Usted puede vincular documentación de motivaciones, ideas y otros trabajos intelectuales directamente a los cambios relacionados.

Usted puede referir lo que utilizó en su investigación para obtener el resultado computacional de una forma que es única y recuperable.

Con un sistema de control distribuido como Git, el repositorio de control de versión es fácilmente archivado para la posterioridad y contiene el histórico completo.

LICENCIA

Cuando un repositorio contiene código fuente, manuscritos u otro trabajo creativo y se vuelve público este debe incluir un archivo LICENSE o LICENSE.md o LICENSE.md en la base del directorio correspondiente al repositorio que exprese claramente sobre cual licencia el contenido de aquel repositorio está disponible. Eso es necesario porque los trabajos creativos, eso incluye códigos fuente, se encuentran automáticamente bajo la ley de protección de la propiedad intelectual (más concretamente del copyright). Los códigos fuente que parecen ser o son expresamente divulgados como libremente accesibles no abdican de tal protección. De esta forma, aquellos que (re)utilizan código fuente que no posee expreso una licencia hacen eso a su propia suerte porque los autores de tal código fuente siempre pueden, unilateralmente, hacer que el uso o re uso sea ilegal.

Una licencia resuelve ese problema al ofrecer derecho a otros que no lo tendrían de otra forma. Los directorios son ofrecidos bajo algunas condiciones que algunas veces son un poco diferentes de una licencia a otra. En contraste con licencias de propiedad, las licencias abiertas certificados por la Open Source Initiative ofrecen los siguientes derechos, referidos a la Open Source Definition:

El código fuente está disponible y puede ser utilizado y redistribuido sin restricciones, incluyendo como parte de una colección. Modificaciones o trabajos derivados son permitidos y la distribución de estos está permitida. La cuestión de quien recibe eso derechos no está sujeta a discriminación, incluyendo por el tipo de uso como comercial versus académico.

Como escoger la licencia más adecuada puede parecer un problema dado que existen varias licencias. En la práctica, unas pocas licencias son populares, de entre las cuales:

- Licencia Pública General GNU (GPL)

- Licencia MIT

- Licencia BSD

La GPL difiere de la mayor parte del resto de las licencias de código abierto pues ella es viral: alguien que distribuye un código basado en un código GPL, o que incluye código GPL, debe hacerlo con licencia bajo la GPL.

El artículo a seguir ofrece una excelente visión general sobre licencias y opciones de licencias desde la perspectiva de un científico que también escribe código:

Morin, A., Urban, J., and Sliz, P. "A Quick Guide to Software Licensing for the Scientist-Programmer" PLoS Computational Biology 8(7) (2012): e1002498.

Al final del día lo que importa es que exista una declaración clara de cuál es la licencia utilizada y que esa licencia sea una ya comprobada y aprobada por la OSI. Además de eso, es mejor escoger la licencia al principio del proyecto, mismo que el repositorio aún no sea público. Posponer la elección de una licencia apenas convierte las cosas más complicadas después, pues cada vez que un nuevo colaborador comienza a contribuir, el, también, posee derechos de autor y necesitará ser consultado y concordar con un cambio en la licencia.

LICENCIA DE PRODUCTOS QUE NO SON PROGRAMAS DE ORDENADOR

Si el contenido de un repositorio posee resultados de una investigación que no sea programas, tales como datos, y/o texto (manuales, informes técnicos, manuscritos), la mayoría de las licencias orientadas para programas de ordenador no son compatibles.

- **Fecha**: en la mayoría de las jurisdicciones la mayor parte de los datos (posiblemente con excepción de fotos, imágenes médicas, etc.) son considerados hechos de la naturaleza y por ese motivo no son pasibles de la protección por el derecho de autor. Mientras tanto, utilizando una licencia, que por definición atribuye derecho de autor, para indicar expectativa social y académica por atribución sirve sólo para crear una situación legal sombría. Es mejor dejar clara la situación legal utilizando una "licencia" de dominio público como Creative Commons Zero (CC0) y las expectativas sociales con pedidos de expresiones de cómo utilizar y citar los datos. El repositorio de datos Dryad requiere esto.

- **Trabajos creativos:** manuales, informes, manuscritos y otros trabajos creativos son pasibles de protección por el derecho de autor y acaban automáticamente protegidos por el copyright, de la misma forma que el código fuente de un programa.

Creative Commons preparó un conjunto de licencias utilizando una combinación de cuatro restricciones:

- Atribución: trabajos derivados deben hacer mención al autor original por su trabajo.

- No Derivado: las personas pueden copiar el trabajo pero están obligadas a transmitirlo sin modificaciones.

- Partes iguales: trabajos derivados necesitan ser licenciados bajo los mismos términos del trabajo original

- No comercial: usos sin fines comerciales están permitidos pero no el uso comercial.

Solo la Atribución (CC-BY) y Partes iguales (CC-BY-SA) son licencias consideradas "Open".

Software Carpentry utiliza CC-BY para sus ejemplos y la licencia MIT para los códigos con el objetivo de alentar los más variados recursos. Nuevamente, lo más importante en el archivo LICENSE en la raíz de su proyecto es declarar de forma clara la licencia utilizada. Usted también debería incluir un archivo CITATION o CITATION.txt que describa como referenciar su proyecto. El archivo CITATION utilizado por Software Carpentry contiene:

To reference Software Carpentry in publications, please cite both of the following:
Greg Wilson: "Software Carpentry: Lessons Learned". arXiv:1307.5448, July 2013.
@online{wilson-software-carpentry-2013,
author = {Greg Wilson},
title = {Software Carpentry: Lessons Learned},
version = {1},
date = {2013-07-20},
eprinttype = {arxiv},
eprint = {1307.5448}
}

ALOJAMIENTO

La segunda gran pregunta para equipos que desean abrir su trabajo es donde alojar sus códigos y datos. Una opción es el laboratorio, el departamento o la universidad que proveerá un servidor, gestionar cuentas, copias de seguridad... El beneficio de ese enfoque es que deja claro quien es dueño de lo que, lo que es particularmente importante si alguno de los materiales es sensible (ejemplo, relacionado con experimentos envolviendo experimentos en seres humanos o que serán utilizados en la aplicación por una patente). El lado negativo de ese abordaje es el coste de mantener el servicio y su longevidad: un investigador que pasó los últimos diez años recogiendo datos desea tener la certeza de que los datos recogidos estarán disponibles por los próximos diez años, infelizmente, la financiación para infraestructuras académicas no dura más que algunos años.

Otra opción es comprar un dominio y pagar un servicio Internet Service Provider (ISP) para hospedar el contenido. Ese abordaje permite mayor control por parte del individuo y del grupo pero puede crear problemas cuando cambia de institución y necesitará de más tiempo y esfuerzo que el resto de las opciones listadas en esa página.

La tercera opción es utilizar un servicio de alojamiento gratuito como GitHub, BitBucket o SourceForge. Todos esos servicios ofrecen una interfaz web que posibilita a las personas crear, visualizar y editar sus informes. Esos servicios también ofrecen herramientas para comunicación y gestión del proyecto que incluyen lista de problemas, wiki, notificación por e-mail y revisión de código. Esos servicios se benefician de la economía de escala y efecto de re: es más fácil mantener funcionando un gran servicio de lo que varios pequeños servicios en los mismos estándares. Además de eso es más fácil para que las personas que colaboran el hecho de estar utilizando el mismo servicio: utilizar un servicio popular puede ayudar a conectar su proyecto con comunidades que ya utilizan el mismo servicio.

Como ejemplo, la Fundación de Software Carpentry utiliza GitHub para alojar sus proyectos que incluye ese ejemplo. Cualquier persona con una cuenta en GitHub puede sugerir cambios en ese texto.

¿PUEDO UTILIZAR UNA LICENCIA ABIERTA?

Compartir es lo deseable para la ciencia pero muchas instituciones pueden impedir a sus investigadores hacerlo, por ejemplo porque se quieren proteger para futuras aplicaciones de patentes. Si usted se encuentra con tales restricciones, puede ser productivo preguntarse sobre las motivaciones para las restricciones – tanto como primer paso para pedir una excepción para un proyecto específico como también para intentar una reforma más amplia a nivel institucional en la dirección de la ciencia abierta.

Sepa que aparte de su trabajo puede aplicarse una licencia de código abierto. ¿Puede hacer eso o necesita permiso de alguien en su institución? Si necesita permiso, ¿Quién es esa persona? Son algunas de las cuestiones de debería plantearse para responder a esta cuestión.

EDITORIAL

IT Campus Academy es una gran comunidad de profesionales con amplia experiencia en el sector informático, en sus diversos niveles como programación, redes, consultoría, ingeniería informática, consultoría empresarial, marketing online, redes sociales y más temáticas envueltas en las nuevas tecnologías.

En **IT Campus Academy** los diversos profesionales de esta comunidad publicitan los libros que publican en las diversas áreas sobre la tecnología informática.

IT Campus Academy se enorgullece en poder dar a conocer a todos los lectores y estudiantes de informática a nuestros prestigiosos profesionales, como en este caso **Arturo**, experto en Consultoría TIC y Desarrollo de Web con más de 12 años de experiencia, que mediante sus obras literarias, podrán ayudar a nuestros lectores a mejorar profesionalmente en sus respectivas áreas del ámbito informático.

El Objetivo Principal de **IT Campus Academy** es promover el conocimiento entre los profesionales de las nuevas tecnologías al precio más reducido del mercado.

ACERCA DEL AUTOR

Arturo Paz Arias es un analista informático con más de 18 años de experiencia en sector informático. Con experiencia en trabajos de consultoría, desarrollo de software de sistemas informáticos e implementación de software empresarial, en grandes empresas nacionales y multinacionales, Ángel se decantó por el ámbito de la formación online, y ahora combina su trabajo como consultor informático, con el papel de profesor online y autor de numerosos cursos online de informática y otras materias.

Ahora Arturo, también comienza su andadura en el mundo de la literatura sobre la temática de la informática, donde, con mucho empeño, tratará de difundir sus conocimientos para que otros profesionales puedan crecer y mejorar profesional y laboralmente.

www.ingramcontent.com/pod-product-compliance
Lightning Source LLC
Chambersburg PA
CBHW071813170526
45167CB00003B/1301